AF555195

ÉLOGE
DE LA BRUYÈRE

QUI A CONCOURU

POUR LE PRIX D'ÉLOQUENCE

PROPOSÉ PAR L'INSTITUT POUR 1810.

PAR A. R. RICHARD.

« Il faut toujours tendre à la perfection, et alors cette justice qui nous est quelquefois refusée par nos contemporains, la postérité sait nous la rendre. »

LA BRUYÈRE.

A PARIS
chez AMAND KOENIG, LIBRAIRE,
quai des Augustins, n. 25.
A STRASBOURG
même maison de commerce, rue du Dôme.
1810.

A MONSIEUR

LE COMTE DARU

CONSEILLER D'ÉTAT, INTENDANT GÉNÉRAL
DE LA MAISON DE SA MAJESTÉ
L'EMPEREUR ET ROI.

MONSIEUR LE COMTE,

L'hommage de ce discours Vous appartient. Je prends la liberté de l'offrir à l'homme de lettres qui veut bien encourager mes efforts, à l'homme d'état dont la protection m'enorgueillit et qui daigne m'admettre au nombre de ceux qu'il honore d'un peu d'estime.

Agréez, Monsieur le Comte, l'hommage de mon respect et de ma reconnaissance.

A. R. RICHARD.

ÉLOGE DE LA BRUYÈRE.

PREMIÈRE PARTIE.

MESSIEURS,

La Grèce entière avait déjà prodigué ses applaudissemens à la muse d'Aristophane, lorsqu'un disciple favori d'Aristote (1) offrit à ses contemporains le fruit de ses longues observations sur les mœurs. Ils accueillirent avec transport ces portraits frappans dont les originaux fourmillaient dans Athènes. Le nom de Théophraste devint célèbre : il ne l'est pas moins aujourd'hui. Deux mille ans se sont écoulés, et ses Caractères offrent encore le plus grand intérêt. Pourquoi ? c'est que la nature demeure immuable au milieu de la révolution des tems (2). Celui qui servit de maître à Ménandre, à ce poëte ingénieux et pur qui rendit la comédie grecque digne d'un peuple né pour exceller dans les arts, pouvait être regardé non seulement comme un moraliste éclairé, comme un observateur fidèle, mais encore comme un citoyen doué de toutes les vertus sociales, qui rendit à sa patrie plus d'un service signalé, et dont la mort fut un deuil général. (3)

La lecture de Théophraste laissa dans l'esprit de La Bruyère une impression profonde. Il le traduisit, et trouva dans ce travail même de nouvelles raisons de l'admirer. Alors se fit sentir l'influence du génie; alors, saisi d'un noble enthousiasme, il dut s'écrier : Et moi aussi, je prendrai les mœurs de ma patrie! Alors, dans un profond recueillement, tantôt jettant les yeux autour de lui, tantôt rentrant en lui-même, il amassa de nombreux matériaux pour l'histoire de la vie humaine. Comme Théophraste, il n'osa la publier qu'après qu'une longue expérience eut muri ses idées; comme Théophraste, il provoqua l'éloge et la censure, mais ni l'un ni l'autre n'ont été surpassés.

L'auteur grec fait juger des hommes par le simple récit de leurs actions. La Bruyère, non seulement fait agir et parler ses personnages, mais il va jusqu'au fond de leur ame arracher les pensées les plus cachées, celles qui nous expliquent une conduite mystérieuse, énigmatique, singulière, ridicule ou coupable. Théophraste ne prend que la fleur de son sujet : La Bruyère ne le quitte pas sans l'approfondir; il le présente de tous les côtés. L'un, donne d'abord la définition du caractère et amène ensuite le personnage; l'autre, procède dans un ordre contraire; il termine par une définition. On remarque dans celui-ci, le retour continuel des mêmes formes, dans celui-là, une étonnante variété. Il semble que l'auteur grec ait lui-même prescrit des bornes à son style; il le maintient toujours terre à terre. L'auteur français cède à l'impulsion du sujet; il raisonne, il discute, il décrit, il s'élève, il s'abaisse, sans secousse, sans disparate, il nourrit jusqu'au bout l'avide curiosité du lecteur. Le premier, trace une esquisse légère, mais dont l'expression hardie décèle un grand maître; le second, saisit ses pinceaux, et les figures qu'il exécute sont en relief: on les touche. (4)

Qu'il nous soit permis d'ajouter à ce parallèle, que peut-être la tâche de l'auteur français fut généralement plus difficile à remplir que celle du philosophe grec. Les citoyens d'Athènes passaient leur vie au milieu des places publiques, au port, dans les temples, sous les portiques, autour des amphithéâtres. Le commerce des étrangers, l'entretien des philosophes, la discussion des affaires politiques, le calcul des grands intérêts, l'expression libre de la voix publique, tout semblait faciliter les recherches de l'observateur. Au contraire, les mœurs françaises, concentrées dans l'intérieur, à la cour comme à la ville, semblaient se dérober sans cesse aux regards scrutateurs; il a fallu qu'à force de tems, de hardiesse, de persévérance et surtout de pénétration, le moraliste parvînt à saisir, tantôt ouvertement, tantôt à la dérobée, ces traits piquans et vrais, dont on admire l'ensemble dans son ouvrage.

Eh, qui ne serait pas forcé d'avouer que, parmi ces hommes qui jetèrent un si grand éclat sur l'un des plus beaux siècles de notre histoire, il faut nommer La Bruyère ? Ouvrir la carrière dramatique, marcher de chefs-d'œuvres en chefs-d'œuvres, observer les orages formés dans le cœur humain par les grandes passions, tracer en vers harmonieux et purs les règles du bon goût, à l'instant même où, pour le venger, on se sert des armes du ridicule, déployer tous les trésors de l'éloquence en prêchant la morale évangélique au milieu de tout un peuple frappé d'admiration, sans doute, voilà des titres qui commandent l'estime, le respect, la gloire ; mais combien n'est pas digne d'éloges celui qui, pendant le cours de sa vie, s'est publiquement armé pour la cause des mœurs, malgré la résistance et la haine des hommes révoltés ?

La Bruyère écrivit lentement, afin de laisser à la raison le tems d'exercer ses droits. Avant de rien publier, il consulta Malézieux, son ami. *Que de lecteurs vous obtiendrez,* lui dit ce dernier, *mais combien d'ennemis vous aurez à craindre!* Malgré les pensées de Pascal et les maximes de La Rochefoucauld (5), La Bruyère se fit lire avec avidité. Son livre naissant fut attaqué par la malveillance, multiplié par un grand nombre d'éditions, et traduit dans toutes les langues de l'Europe; empressement qui s'explique par la piquante originalité, par la nouveauté même d'une telle production. Pour peu qu'on veuille se reporter au tems de sa publication, il sera facile de sentir qu'elle dût faire époque.

La France, délivrée des guerres intestines qui désolèrent trop long-tems le royaume sous Louis XIII, reprenait une existence nouvelle. Un jeune Monarque, également habile à règner, combattre et vaincre, travaillait à la rendre heureuse et florissante. Une cour luxueuse avait déployé tout-à-coup et comme par enchantement, la magnificence, l'esprit, les grâces, la galanterie et cette loyauté chevaleresque qui dans tous les tems caractérisa la nation française. Un essaim de courtisans, honorés par l'estime et les faveurs du Monarque, se pressaient en foule autour du trône. A la voix d'un ministre digne en tout d'un tel Prince, le mérite, les talens, la vertu, brillaient du plus grand éclat. L'émulation multipliait les rivaux, les encouragemens de tous genres éveillaient l'industrie; une fermentation générale se manifestait dans tous les esprits; chacun, brûlant de se faire un nom, sollicitait un poste qui convînt à son amour pour la patrie, à son dévouement pour le Prince; alors et partout, les intérêts s'expliquent, se croisent, se heurtent: delà, l'intrique, les projets, les inquiétudes, les contrariétés par qui toutes les passions s'allument; delà, cette attention de la cour sur la cour, de la ville sur la ville, et réciproquement de l'une sur l'autre; delà, cet assemblage de faits et de discours, qui présente à l'observateur un champ si vaste qu'il s'étend à perte de vue. Et pourtant rien n'échappe à son regard perçant; il vient, voit, décrit, et les faits parlent d'eux-mêmes.

On s'imaginerait peut-être qu'un livre de morale, divisé par chapitres, dût être enveloppé d'une fatigante monotonie.... Quelle surprise! une riche galerie s'ouvre, des contrastes habilement ménagés répandent sur ces vivans tableaux une variété charmante; l'auteur fuit la contrainte; il laisse errer ses idées sur un sujet qu'il abandonne un moment après. Autre matière, autre nuances. Quelle finesse! quelle vigueur! quelle sagacité! quelles expressions!.... ne les changez pas, toute la magie du style s'évanouirait. Ce qui n'était qu'une simple narration, devient tout-à-coup une apostrophe: un portrait amène une réflexion, une réflexion amène un portrait. La Bruyère feint quelquefois l'ignorance; il interroge, on lui répond; il réplique, il discute, il s'échauffe par degrés, il donne carrière à la censure, et frappe des coups d'autant plus terribles qu'ils sont moins attendus. Tantôt c'est un dialogue vif et pressé, tantôt une ironie sanglante; ici des interrogations accumulées, là, le rire, l'indignation, la colère. Le voilà qui s'apaise, consulte son lecteur, propose un doute. Pensées abstraites, raisonnemens hardis, descriptions brillantes, gracieux badinage, tout est chez lui de la même force. Il traite avec autant de nerf et d'originalité le caractère d'un Monarque que celui d'un distrait; il pénètre dans la somptueuse demeure du riche, il se glisse dans la cabane du pauvre; il charge sa palette des couleurs de la nature, et deux chefs-d'œuvres viennent d'éclore. (6)

Ne serait-il pas juste, MESSIEURS, de mesurer notre admiration pour les grands génies à l'utilité de leurs ouvrages? Quel avantage La Bruyère n'a-t-il pas sous ce rapport? je demande qu'on apprécie à sa juste valeur le degré de courage et d'énergie qu'il a fallu pour exécuter une entreprise aussi hardie. Combien d'auteurs, pour se faire une réputation brillante, s'attachent continuellement à flatter les juges dont ils veulent arracher les suffrages! Ils ont bien soin d'écarter jusqu'à l'ombre d'un reproche personnel, ils ne rougissent pas de justifier les funestes effets des passions; La Bruyère, au contraire, les signale, les poursuit, les presse: le voyez-vous s'élever au milieu de cette tourbe bruyante qui s'agite dans tous les sens, mue par des intérêts divers? l'entendez-vous s'écrier: *Tant que vous serez vicieux, je vous jure une guerre éternelle!* Un murmure général se fait entendre: il ne s'en émeut point, il élève la voix, la vérité qui le presse, comme on dit qu'autrefois Apollon tourmentait la Pythie, sort de sa bouche et frappe l'oreille des hommes; la conviction les accable, et les erreurs, les défauts, les vices, les déréglemens, les turpitudes long-tems enveloppés dans l'ombre, se montrent plus hideux encore frappés des rayons du jour.

Mais cette hardiesse estimable qui faisait tant d'honneur à La Bruyère, dut nécessairement soulever une foule de critiques, les uns modérés, les autres d'une injustice révoltante (7). On l'accusa :

D'avoir outré les caractères et les réflexions.
De n'avoir vu la nature que dans un jour faux.
De n'avoir su faire que des caractères.
Enfin, de n'avoir qu'un style, qu'une manière.

Premier Reproche.

D'avoir outré les caractères et les réflections.

Où la trouver, cette exagération tant reprochée (8)? Nous n'avons rien vu qui ne soit renfermé dans les bornes de la vérité. Mais un auteur qui s'est fait un nom célèbre, doit s'attendre à de fausses interprétations, à de perfides commentaires, à des procès sans nombre. On souffre de sa célébrité; on le tourne dans tous les sens, on creuse ses idées, on scrute ses fautes, on les compte, on les publie, des méchans trouvent d'autres méchans qui leur applaudissent, et, plus ils ont d'esprit et d'adresse, plus les coups qu'ils portent, laissent une empreinte durable.

La Bruyère ne l'ignorait pas; il se doutait bien que nombre de traits, réunis dans un seul caractère, feraient soupçonner l'exagération (9). Mais, il suivit un plan long-tems médité, sans écouter ces critiques partiales dont la source était toute entière dans l'amour propre blessé ! Un caractère n'a-t-il pas plusieurs nuances ? Pour obtenir un ensemble complet, il faut donc les saisir d'un côté, les recueillir de l'autre, et comme il importait au moraliste d'arriver à son but, il a cru devoir imiter dans son genre (s'il est encore permis de se servir de cette comparaison) ce fameux sculpteur qui, de mille beautés de détail empruntées des plus belles femmes de la Grèce, composa ce chef-d'œuvre de l'art qu'on a de la peine à croire sorti de la main d'un homme.

Mais supposons la critique juste ; empruntons ici son langage. Oui, La Bruyère, cédant à son humeur chagrine, a chargé ses descriptions, outré ses pensées ; la malignité, l'amertume les caractérisent ; il fait souffrir l'orgueil, il blesse l'amour propre . . . il s'est montré trop rigide. . . . Mais, de quel avantage serait cet aveu pour les antagonistes du censeur, puisqu'il prouverait seulement que pour persuader et corriger les hommes, il est besoin de moyens extraordinaires ? Caton, ce philosophe implacable qui gourmandait avec tant d'aigreur les Romains corrompus, fut-il mésestimé pour avoir quelquefois passé les bornes de la censure ? Quelle était l'intention de La Bruyère ? de faire haïr les vices. Que fallait-il pour cela ? les peindre tels qu'ils étaient ? Il fallait plus : grossir leurs traits, pour les rendre encore plus odieux. Nous avons besoin de fortes secousses; il faut nous présenter des faits qui réveillent notre curiosité, commandent notre intérêt, subjuguent notre attention. C'est ce qu'a fait le premier de nos poëtes comiques, c'est ce qu'a fait La Bruyère; mais il use de cette ressource avec une grande modération. Il ne se laisse point emporter par la fougue de son imagination. Maître de son idée, il l'est aussi de son expression, elle est toujours juste, naturelle, piquante. Il laisse la licence à la satire, à cette arme des vengeances qui cherche partout des victimes, et les immole sans pitié. Le charme des figures, l'harmonie, la cadence, tout nous fait lire avec avidité cette maligne production. Plus le satirique est méchant, plus son triomphe est sûr. Mais trouvera-t-on chez lui des préceptes, des conseils, des leçons? osera-t-on comparer ses écarts à ce recueil d'observations fondées sur l'expérience, à ce code de morale, lentement rédigé, où chaque homme doit trouver la connaissance de lui-même, et les moyens de réformer sa conduite et ses mœurs? Nous le répétons, le reproche fait à La Bruyère n'était rien moins que fondé, ses détracteurs n'étaient pas de bonne foi.

Deuxième Reproche.

De n'avoir vu la nature que dans un jour faux.

Ouvrons La Bruyère, et citons :

« Il y a des esprits, si je l'ose dire, inférieurs et
» subalternes, qui ne semblent faits que pour être

„ le recueil, le régistre et le magasin de toutes les „ productions des autres génies : ils sont plagiaires, „ traducteurs, compilateurs ; ils ne pensent point, „ ils disent que les autres ont pensé (10) ; et comme „ le choix des pensées est invention, ils l'ont mau- „ vais, peu juste, et qui les détermine plutôt à rap- „ porter beaucoup de choses que d'excellentes cho- „ ses ; ils n'ont rien d'original et qui soit à eux ; ils „ ne savent que ce qu'ils ont appris, et ils n'appren- „ nent que ce que tout le monde veut bien ignorer, „ une science vaine, aride, dénuée d'agrément et „ d'utilité, qui ne tombe point dans la conversation, „ qui est hors de commerce, semblable à une mon- „ naie qui n'a point de cours. On est tout à la fois „ étonné de leur lecture, ennuyé et de leur entretien „ et de leurs ouvrages. Ce sont eux que les grands „ et le vulgaire confondent avec les savans, et que „ les sages renvoient au pédantisme. „

Théocrine est peint d'un seul trait.

Le hasard fait que je lui lis mon ouvrage. « Est-il „ lu ? Il me parle du sien. Et du vôtre, me direz- „ vous, qu'en pense-t-il ? — Je vous l'ai déjà dit, „ il me parle du sien. „

« Vous vous agitez, vous vous donnez un grand „ mouvement, surtout lorsque les ennemis commen- „ cent à fuir et que la victoire n'est plus douteuse, „ ou devant une ville après qu'elle a capitulé. Vous „ aimez dans un combat ou pendant un siège, à pa-

„ raître en cent endroits pour n'être nulle part, à „ prévenir les ordres du général de peur de les „ suivre, et à chercher les occasions plutôt que de „ les attendre.... Votre valeur serait-elle fausse ? „

“ Ménippe est l'oiseau paré de divers plumages „ qui ne sont pas à lui. Il ne parle pas, il ne „ sent pas ; il répète des sentimens et des maximes, „ se sert si naturellement de l'esprit des autres qu'il „ y est le premier trompé, et croit souvent dire „ son goût ou expliquer sa pensée lorsqu'il n'est „ que l'écho de quelqu'un qu'il vient de quitter. „

“ On entend Theodecte de l'antichambre. Il gros- „ sit sa voix à mesure qu'il s'approche. Le voilà „ entré, il rit, il crie, il éclate. On se bouche les „ oreilles, c'est un tonnerre. Il n'est pas moins re- „ doutable par les choses qu'il dit, que par le „ ton dont il parle. Il ne s'apaise, il ne revient „ de ce grand fracas que pour bredouiller des va- „ nités et des sottises. Il n'est pas encore assis, qu'il „ a, à son insçu, désobligé toute l'assemblée. „

Nous nous garderons bien d'ajouter ici la moindre réflexion : La Bruyère se défend trop bien lui-même (11).

Troisième Reproche.

Il n'a jamais fait que des caractères.

Un écrivain dominé par un penchant irrésistible s'attache, pendant toute sa vie, à la même occupation, à celle positivement qui lui assure une réputation brillante ; cela doit être. Il n'appartient qu'à certains hommes privilégiés de ployer leur talent à plusieurs arts ou plusieurs sciences ; ainsi l'historien célèbre excellera difficilement dans le poëme tragique, le favori de Melpomène le sera difficilement de Thalie, et l'esprit occupé de recherches pénibles ne pourra se livrer au délire de Pindare ou d'Anacréon. Il se montre de tems en tems, mais à de longs intervalles, de ces heureux et vastes génies capables de concevoir alternativement et des idées fleuries et des combinaisons arides ; quelques sujets qu'ils traitent, ils sont toujours supérieurs. Mais, en général, il en est des sciences comme des passions : entraîné vers l'une ou vers l'autre, on s'y livre tout entier, on ne voit qu'elle, tout ce qui n'est pas elle, devient indifférent. C'est cette véritable passion de l'esprit qui entraîna Molière vers la scène comique, dicta les beaux vers d'Athalie, arma Boileau du stilet de la satire, fit écrire des fables à Lafontaine, et maîtrisa La Bruyère lorsqu'il observa et peignit les mœurs. Doué d'une grande perspicacité, d'un esprit juste et fin, et plus que tout cela, d'un cœur droit, il n'est besoin que de voir et d'entendre. *Il n'y a point d'années*, disait-il, *que les folies des hommes ne pussent fournir un volume*. Et saisissant sa plume énergique il rendit le papier dépositaire de ses jugemens, de ses réflexions, de son chagrin, de son indignation, de sa gaieté : au milieu de tant de vices qu'il marquait d'un sceau réprobateur, il eût pu s'écrier comme Boileau :

> Et s'il ne m'est permis de le dire au papier,
> J'irai creuser la terre . . . .

Cette persévérance d'un homme de génie dans les travaux qu'il croit les plus utiles au bien général, est un titre qui rend La Bruyère encore plus recommandable. Fidèle à la méthode suivie par les anciens sages, il a trouvé l'art d'instruire sans fatigue et sans ennui. Il savait bien que lorsque la vérité, cachée sous le voile d'une ingénieuse fiction, se découvre, elle subjugue nos sens et nous conduit à l'instruction par le plaisir. Combien de volumes sur la morale notre bon Lafontaine a fait oublier! Avant de défendre la cause de la raison, il faut la faire aimer. La Bruyère le sentit, et nouveau Protée, il emprunta toutes les formes; élégance, variété, concision, finesse, mouvement, chaleur, voilà ses qualités. Comme tous les talens supérieurs, il fut pour lui-même le juge le plus sévère.

Exposer aux yeux des hommes une cause dans laquelle ils étaient à la fois juges et parties, les forcer de répondre au tribunal de la vérité, cette reine sévère, devant qui se taisent l'opinion, la haine, les préventions et l'envie, les contraindre, malgré tout, à se dire en murmurant: nous sommes jugés! Quelle noble et glorieuse entreprise! Quelle persévérance il a fallu pour l'achever! Pourtant on voudrait restreindre un si grand mérite. La Bruyère, dit-on, n'a peint que les hommes de son tems (12); cela est faux; mais dans cette hypothèse même, n'aurions-nous pas raison d'admirer ses ouvrages? Le tableau du siècle de Louis XIV était-il d'un médiocre intérêt pour la postérité?

Mais La Bruyère avait des vues plus vastes, nous en appellons à tout lecteur impartial. Les caractères appartiennent à l'humanité entière. Nous entendons répéter que si les nations étrangères ont montré tant d'empressement à faire passer dans leur langue un si bel ouvrage, c'est qu'elles voulaient satisfaire leur malignité en s'égayant aux dépens de leurs voisins.

Voilà comment des conjectures tiennent la place des vérités. Chacun voulut attacher un nom à ces caractères; les listes se multiplièrent, la médisance trouva dans ces explications chimériques un aliment inépuisable; on finit par ne plus s'entendre. L'auteur avait d'abord souffert patiemment qu'on lui supposât des intentions qu'il n'eut jamais. Il vit avec douleur des personnes distinguées par leur rang et leur crédit, répandre avec perfidie dans les cercles ces prétendues *clefs* qu'il désavouait hautement, qui ne s'accordaient nullement entre elles, et que leur dissemblance même devait rendre suspectes! Mais l'auteur tira de là cette conséquence, que puisque ses portraits convenaient à tant de personnes, il fallait qu'il eût frappé bien juste (15).

Il était donc tout naturel que les nations étrangères recherchassent un ouvrage dicté par la raison, le goût et le génie.... par le génie surtout. Qu'on juge de sa supériorité, puisque traduit dans la plupart des langues vivantes, dépouillé des agrémens du style et des tours propres à l'idiôme français, les étrangers le prisent, nous ne dirons pas plus, mais autant que nous. Ceci répond victorieusement à ceux qui voudraient nous persuader que tout le mérite de La Bruyère n'existe que dans l'expression. C'est nier que ses pensées soient originales, piquantes, hardies, extraordinaires; c'est se refuser à l'évidence. Mais il y a des esprits tellement obstinés que la force des vérités s'émousse sur eux comme le fer sur un bouclier impénétrable. Attaqués, pressés de tous côtés par mille preuves, ils ne cèdent point, ils demeurent impassibles, ils n'ont qu'une opinion, c'est la leur, ils s'y attachent, ils s'y plaisent, ils en sont orgueilleux; nul moyen de les en faire sortir, c'est la chose impossible.

Quatrième Reproche.

De n'avoir qu'un style, qu'une manière.

N'avoir qu'un style, c'est ne peindre qu'avec une seule couleur, c'est être frappé de monotonie.

Où la trouver ?

Dans le chapitre *des ouvrages de l'esprit ?* Mais, au contraire, nous voyons que La Bruyère ne cesse de recommander la variété, et joignant l'exemple au précepte, multiplie les formes du discours.

Dans

Dans le chapitre *du mérite personnel ?* Mais, au milieu d'une foule de réflexions, de jugemens, de maximes, l'auteur, élevant tout-à-coup son style jusqu'au sublime, s'exprime ainsi :

« Il apparait de tems en tems sur la face du globe des hommes rares, exquis, qui brillent par leurs vertus, et dont les qualités éminentes jettent un éclat prodigieux. Semblables à ces étoiles extraordinaires dont on ignore les causes et dont on sait encore moins ce qu'elles deviennent après avoir disparu, il n'ont ni aïeux, ni descendans, ils composent seuls toute leur race. »

Est-ce dans le portrait, sous le nom d'Émile, d'un des plus illustres guerriers, grand dans la prospérité, grand dans les revers, et qui disait d'aussi bonne grâce : *je fuyais, que nous les battîmes ?*

Est-ce dans cette charmante histoire d'Émire, victime déplorable de son mépris pour l'amour et de sa fierté dédaigneuse ; dans ce récit court, mais simple comme la nature, qui n'offre ni faux brillans, ni ornemens étrangers, où tout est à sa place, naïf, élégant, plein d'un heureux abandon ?

Sera-ce, lorsque voulant peindre le faste des parvenus, La Bruyère, à l'aide d'une ingénieuse fiction, découvre tout-à-coup les rives de l'Euphrate, où déjà s'élève un palais magnifique ? Une grande reine, Zénobie, en dirige elle-même les travaux. Elle commande ; un peuple immense s'agite dans

tous les sens, et *transporte le bois du Liban; l'airain et le porphyre; les grues et les machines gémissent dans l'air.* L'observateur s'adresse à Zénobie, l'exhorte à ne rien épargner, *à prodiguer, pour embellir cet édifice, l'or et tout l'art des Phidias et des Zeuxis, à tracer des jardins dont l'enchantement soit tel qu'ils ne paraissent pas faits de main d'homme.*

«Employez, dit-il à Zénobie, employez vos trésors et votre industrie à cet ouvrage incomparable; et après que vous y aurez mis la dernière main, quelqu'un de ces pâtres qui habitent les sables voisins de Palmyre, devenu riche par le péage de vos rivières, achetera un jour à deniers comptans cette royale demeure pour l'embellir et la rendre plus digne de lui et de sa fortune.»

Est-il monotone, ce La Bruyère, lorsque pour dire aux hommes des vérités courageuses, il revêt tour à tour les personnages de Caton, d'Héraclite, de Démocrite et de Socrate?

Est-il monotone, lorsque parlant de la manie des modes, il passe en revue toutes les faiblesses humaines? qu'il fait voir d'un côté *ce fleuriste, planté devant sa tulipe, ou ayant pris racine devant la solitaire* (14); de l'autre, *cet amateur de médailles qui se tourmente moins pour compléter une suite d'empereurs romains*, que pour remplir une seule place inoccupée de son médailler?

Diphile qui fait une volière de sa maison et passe les jours, *ces jours qui s'échappent et ne reviennent plus*, au milieu de tout un peuple d'oiseaux?

Iphis, qui, voyant un soulier d'une nouvelle mode, regarde le sien et rougit?

Celse... mais comment mieux terminer nos citations que par le morceau suivant?

« Moi, dit le Chevecier, je suis maître du chœur: » qui me forcera d'aller à matines? mon prédécesseur n'y allait point; suis-je de pire condition? » dois-je laisser avilir ma dignité entre mes mains, » ou la laisser telle que je l'ai reçue? Ce n'est point, » dit l'Écolâtre, mon intérêt qui me mène, mais » celui de la prébende. Il serait bien dur qu'un » Chanoine fût sujet au chœur, pendant que le trésorier, l'archi-diacre, le pénitencier et le grand-vicaire s'en croient exempts. Je suis bien fondé, » dit le Prévôt, à demander le rétribution, sans me » trouver à l'office: il y a vingt années entières que » je suis en possession de dormir les nuits, je veux » finir comme j'ai commencé, et l'on ne me verra » point déroger à mon titre. Que me servirait d'être » à la tête d'un chapitre? mon exemple ne tire point » à conséquence. Enfin, c'est, entre eux tous à qui » ne louera pas Dieu, à qui fera voir, par un long » usage, qu'il n'est point obligé de le faire; l'émulation de ne se point rendre aux offices divins, » ne saurait être plus vive et plus ardente. Les

„ cloches sonnent dans une nuit tranquille, et leur „ mélodie qui réveille les chantres et les enfans du „ chœur, endort les chanoines, les plonge dans un „ sommeil doux et facile, et qui ne leur procure que „ de beaux songes : ils se lèvent tard, et vont à l'é- „ glise se faire payer d'avoir dormi. „

Il demeure donc prouvé que l'envie et la mauvaise critique ont échoué dans leur entreprise contre un ouvrage immortel. Que si quelque auteur doit être accusé d'offrir peu de variété, ce n'est pas La Bruyère : que si quelque philosophe a semé de dégoûts l'étude de la morale, ce n'est pas La Bruyère, et qu'enfin, parmi les réputations établies sur les bases les plus solides, celle de La Bruyère se maintiendra, tant qu'il y aura des esprits justes, des observateurs pénétrans et des amis de la nature.

Mais pourquoi faut-il que les hommes célèbres ne soient prisés ce qu'ils valent qu'après que la mort a éteint leur génie ? Avouer leur supériorité, c'est rappeler l'amertume dont ils furent abreuvés ; mais comme ils ont le sentiment de leur force, ils en appellent à la postérité qui les attend pour les venger. La Bruyère le fut et l'est encore tous les jours. L'hommage que vous nous permettez de rendre, Messieurs, au grand talent du peintre des mœurs, ne sert qu'à mieux prouver cette vérité : qu'un siècle est destiné à réparer les torts d'un autre siècle.

SECONDE PARTIE.

Un cœur droit, une conscience pure, toutes les vertus sociales doivent nécessairement distinguer celui qui s'arme pour la cause des mœurs. Êtes-vous vertueux? pourrait-on demander à l'homme qui censure les hommes. Vous ne l'êtes pas? quittez la plume. Le livre des Caractères renferme de si grandes vérités qu'elles seraient respectables même dans les productions d'un homme corrompu. Mais quelle force n'emprunte pas la raison, lorsqu'elle émane à la fois du cœur et de l'esprit? Un homme irréprochable, avant d'ouvrir la bouche, nous persuade à moitié.

Cette observation s'applique naturellement à La Bruyère. Il ne nous reste aucun détail sur sa vie privée (1); mais le silence même des ennemis contemporains dépose en sa faveur.

Puisqu'il n'est pas possible de satisfaire ce désir qui nous porte à connaître l'homme après avoir admiré ses ouvrages, puisons dans une source qui peut-être nous offrira quelques secours. Relisons les Caractères; là, certainement doivent exister des matériaux suffisans pour le panégyriste (2).

Que penser d'un philosophe qui, après avoir conçu l'idée d'un grand ouvrage, se ferait, avant de l'exécuter, la réflexion suivante : *)

« Celui qui n'a égard en écrivant qu'au goût de „ son siècle, songe plus à sa personne qu'à ses écrits. „ Il faut toujours tendre à la perfection, et alors „ cette justice qui nous est quelquefois refusée par „ nos contemporains, la postérité sait nous la „ rendre. „

Si, entrant en matière, il disait avec une franche énergie :

« Je demande de vous un plus grand, un plus „ rare succès que les louanges et les récompenses, „ je veux vous rendre meilleurs. „

Si l'auteur tenait plus encore qu'il n'a promis, s'il était à la fois sérieux, plaisant, instructif, ingénieux, profond, enjoué, pittoresque; si l'amour du bien, dont il fut constamment animé, perçait à chaque page en répandant sur le discours une heureuse chaleur (3), un tel homme n'aurait-il pas bien mérité de la reconnaissance publique ? son livre ne devrait-il pas se trouver dans les mains de tout le monde ?

Et si, en partant de ce principe, que l'auteur écrivait avec effusion, quoique sans aucun de ces écarts qui font supposer une absence de réflexion, si, en

*) Chapitre I. des ouvrages de l'esprit.

partant de ce principe, disons-nous, on découvrait par intervalle des traits qui accusassent le caractère du censeur, ne s'empresserait-on pas de les réunir, pour en former une masse de preuves ?

On peut assurer qu'il était sensible aux applaudissemens, à cette noble récompense des travaux littéraires; mais il en voulait une autre moins stérile et qui portât dans son ame une plus douce satisfaction; il voulait convertir des endurcis, diminuer le nombre des défauts et des ridicules, en un mot, corriger les mœurs, et se dire, après tant de travaux et de veilles: *au moins j'ai pu faire quelque bien aux hommes !* Malgré leur aversion pour la censure, s'il a compté quelque succès, il faut les attribuer à la forme de l'ouvrage, à l'importance des sujets, à la manière de présenter une vérité, à la force de l'expression, surtout à la plaisanterie qu'il fait toujours marcher de front avec la raison. Une adroite ironie, un ridicule ingénieusement présenté, une raillerie fine, amenée à propos, sont d'un effet plus prompt, plus sûr que les graves remontrances d'une philosophie austère. Aussi le premier de nos poëtes comiques est-il regardé comme le premier des moralistes. La Bruyère et lui semblaient animés d'un même esprit et s'être concertés pour frapper ensemble. Aussi plaisant que Molière, peut-être plus profond, l'auteur des caractères n'offre pas moins d'action dans ses tableaux. Il est même étonnant qu'il ait pu donner une forme dramatique à un ouvrage qui semblait devoir l'exclure.

Le nom de Molière me rappelle un reproche fait à l'Aristarque français, celui d'avoir non-seulement osé refaire l'un des plus beaux caractères de Molière, mais encore d'avoir voulu prouver qu'il s'était trompé dans le choix des couleurs. Les ennemis de La Bruyère n'ont vu que le langage de l'envie dans une pareille assertion; pourquoi tout envenimer?

Deux hommes de génie travaillent dans le même genre, ils se proposent le même but. Le premier, déjà fameux et pouvant compter autant de succès que de productions dramatiques, est frappé des désordres causés par l'hypocrisie, et guidé par un modèle que peut-être il avait sous les yeux, rassemble toutes les forces, élève encore son talent et montre sur la scène un adroit scélérat qui, recueilli dans sa misère, par un homme sensible et crédule, captive sa confiance, dirige secrètement ses actions, et n'a besoin pour cela que d'un peu de langage mystique. Le voilà maître de la maison d'Orgon, il fait un crime des choses les plus innocentes; il trouve mauvais qu'Elmire reçoive des visites, que Marianne ose placer un mouchoir dans *une fleur des saints;* l'ajustement négligé d'une soubrette étourdie blesse ses chastes regards; tout lui déplaît; il censure au nom du ciel offensé; il censure, et nourrit une passion criminelle. Envain son bienfaiteur s'obstine, malgré tout, à lui donner sa fille; le misérable jette sur Elmire l'œil de sa luxure. Damis présent, dénonce le scélérat; Orgon s'en irrite et repousse son fils avec indignation. Tartuffe se charge lui-même des plus fortes injures. . . . Le pauvre homme ! il n'est vu que comme un chrétien faussement accusé, mais qui cède à la calomnie. Heureusement le triomphe du vice n'est pas de longue durée. Orgon ouvre les yeux après qu'on l'a forcé de voir et d'entendre. Le scélérat, chassé de sa présence, va le dénoncer comme ennemi de l'État. Alors seulement cet homme trop crédule se souvient d'un dépôt imprudemment confié. Sa fortune entière est devenu la proie du monstre qui s'applaudit de sa ruse infernale : il ose lui-même venir s'emparer de l'asile de son bienfaiteur, mais un ordre du Monarque punit Tartuffe et venge Orgon.

Voilà certainement une fable bien tissue. Rien n'y manque ; tout y est à sa place ; tout parle du danger qu'entraîne un abus de confiance. Le poëte couvre d'imprécations l'audacieux qui se joue si horriblement des choses les plus sacrées. Le but moral est facile à saisir : et pourtant Tartuffe eut de la peine à se montrer sur la scène. Partout des obstacles. Un peuple de faux dévôts se déchaîne. La Cour et la ville retentissent de ses importunes clameurs ; il va répétant partout qu'il faut étouffer à sa naissance un ouvrage impie. . . . Mais Louis XIV dit un mot ; tout se tait, tout rentre dans l'ordre ; l'Envie admire, en murmurant, la première de nos comédies, tandis que la saine critique s'exprime avec une liberté décente par l'organe de La Bruyère et par celui de Bourdaloue.

L'hypocrite que peint La Bruyère sous le nom d'Onuphre, n'affecte pas de dire tout haut : ma haire ! ma discipline ! mais s'arrange de manière à ce qu'on croie qu'il fait usage de l'un et de l'autre. Pour séduire et flatter, Onuphre ne se sert pas du langage mystique ; Tartuffe le prodigue à tout propos. Onuphre recherche des femmes sociables et plus dociles que celle de son ami ; Tartuffe découvre une passion criminelle à l'épouse même de son bienfaiteur. Onuphre ne veut que paraître dévot ; il ménage sourdement ses intérêts, il évite l'éclat ; Tartuffe intrigue au milieu de toute une famille qui l'abhorre. Une médisance, une calomnie ne coûtent rien à Onuphre : Tartuffe, au contraire, feint d'être toujours calomnié, toujours persécuté ; il s'humilie, et tout est dit.

Oserons-nous décider lequel de ces deux tableaux appartient davantage à la nature ? Non ; mais il nous est permis d'affirmer qu'en suivant une route contraire à celle du grand poëte comique, La Bruyère ne voulut point déprécier un chef-d'œuvre. Si quelqu'un pouvait en douter encore, voici ce qu'on lit dans le premier chapitre *des Caractères :*

„ Il n'a manqué à Molière que d'écrire purement.
„ Quel feu ! quelle naïveté ! quelle source de bonne
„ plaisanterie ! quelle imitation de mœurs ! quelles
„ images ! et quel fléau du ridicule ! mais quel
„ homme on eût pu faire de Térence et de Molière !

Après cela, peut-on mettre en question si La Bruyère fut blessé de la gloire de l'auteur du Tartuffe ? Il pouvait marcher de pair avec lui dans l'art admirable d'observer et de peindre. Mais, je le répète, il ne fut point envieux; il a dignement apprécié et loué tous les hommes célèbres qui firent l'ornement et la gloire du grand siècle, dans quelque genre que ce fut (5) : c'est dire assez que les noms de Corneille, Racine, Boileau, Lafontaine, Fénélon, Bossuet, Massillon, Bourdaloue, Santeuil ne furent point oubliés. Je ne parle pas de Louis XIV (6), de Turenne, de Condé : rien n'approche de la pompe et de la richesse du style de La Bruyère lorsque ces noms illustres se rencontrent sous sa plume.

Il s'en faut de beaucoup qu'on ait usé envers lui de la même impartialité. Lorsque l'Academie française l'admit dans son sein, ce fut, osa-t-on dire, l'ouvrage d'un protecteur puissant (7), comme si quelque écrivain eût pu se présenter aux portes de l'Académie avec plus de droits pour se la faire ouvrir ! Il fut admis, cet homme vraîment digne du corps respectable qui venait de réunir sur lui d'unanimes suffrages. Il avait *tâché de prononcer un discours éloquent* (8). On l'entendit avec transport; mais le bruit des applaudissemens réveilla l'Envie. Elle publia que l'auteur des *Caractères* avait *balbutié un discours où il n'y avait ni style, ni sens commun, et qui était tout rempli d'extrava-*

gances (9). Enfin, La Bruyère fut déchiré d'une manière si horrible qu'il en appela au jugement de l'Académie elle-même. Elle s'assembla extraordinairement, et rendit, en faveur de l'offensé, le plus éclatant témoignage. Mais la malveillance n'en fut pas vaincue, et continua de murmurer des injures. Elle alla jusqu'à vouloir effacer le nom de La Bruyère du frontispice de son ouvrage (10), et jusqu'à le prétendre *incapable de rien faire de suivi, pas même une simple préface.*

Il s'indigna de tant de lâches procédés, il s'en plaignit amèrement (11) : Tandis que la mauvaise foi, que la prévention redoublaient d'efforts pour ternir l'éclat de sa gloire, la saine partie du public, toujours prête à s'armer contre les injustices, le consola de tant de disgrâces. Il n'entendit plus ces cris trop long-tems répétés qui blessaient son oreille et venaient affliger son cœur.

Il jouit bien peu du nouvel honneur qu'il avait obtenu. Trois ans après sa reception, une apoplexie vint l'enlever à l'Académie et à ses amis ; son nom passa de bouche en bouche, entouré d'un éloge mérité, et ses contemporains commencèrent à pressentir le jugement de la postérité. Il est tel qu'on a dû l'attendre, sous le double rapport de l'ouvrage et des mœurs de l'auteur.

Les preuves se multiplient à la lecture des caractères. Comment nous refuser au plaisir de rappeler ici plusieurs traits qui donnent la plus haute idée des vertus dont il était orné.

"Il y a une espèce de honte d'être heureux à la „ vue de certaines misères. „

"Il y a du plaisir à rencontrer les yeux de celui „ que l'on vient de donner. „

"Rien ne rafraîchit le sang comme d'avoir sçu „ éviter une sottise. „

"Si la noblesse est vertu, elle se perd par tout ce „ qui n'est pas vertueux; et si elle n'est pas vertu, „ c'est peu de chose. „

"S'il est heureux d'avoir de la naissance, il ne „ l'est pas moins d'être né tel qu'on ne s'informe pas „ si vous en avez. „

"Il n'y a pour l'homme qu'un vrai malheur, c'est „ de se trouver en faute, et d'avoir quelque chose à „ se reprocher. „

Dans le chapitre ayant pour titre : *Des Souverains ou de la République*, après une apostrophe très-énergique aux hommes en place, aux ministres, aux favoris :

"Les titres passent, s'écrie-t-il, la faveur s'évanouit, les dignités se perdent, et le mérite dégénère. *Ayez de l'humanité et de la vertu*; et si vous „ me demandez : qu'aurons-nous de plus ? je vous „ répondrai : *de l'humanité et de la vertu.* „

"Diseurs de bons mots, mauvais caractère. Je le „ dirais, s'il n'avait été dit. Ceux qui nuisent à la „ réputation ou à la fortune des autres, plutôt que

„ perdre un bon mot, méritent une peine infamante.
„ Cela n'a pas été dit, et j'ose le dire. „

Nous laissons à nos lecteurs le soin de juger un homme qui s'exprime ainsi :

“ Homme important et chargé d'affaires, qui, à „ votre tour, avez besoin de mes offices, venez dans „ la solitude de mon cabinet, le Philosophe est ac- „ cessible. Je ne vous remettrai point à un autre „ jour. Vous me trouverez sur les livres de Pla- „ ton qui traitent de la spiritualité de l'ame, ou, la „ plume à la main, pour calculer les distances de „ Saturne et de Jupiter. J'admire Dieu dans ses „ ouvrages, et je cherche, par la connaissance de „ la vérité, à régler mon esprit et à devenir meil- „ leur. Entrez, toutes les portes vous sont ouvertes, „ mon antichambre n'est pas faite pour s'y ennuyer. „ Passez jusqu'à moi sans me faire avertir, vous „ m'apportez quelque chose de plus précieux que „ l'or et l'argent, si c'est une occasion de vous obli- „ ger. „

Qu'y a-t-il au-dessus de cet épanchement de la plus belle ame ? (12)

Concluons. Personne n'a plus de droits à nos hommages que le philosophe studieux, dont la vie entière fut occupée à l'étude et au développement des grandes vérités de la morale . . . . .

Arrêtez, dira plus d'un lecteur. Sa supériorité n'est pas douteuse : mais est-il sans défaut ? Ne savez-vous que brûler l'encens aux pieds de votre idole ? Il faut répondre, et dans un résumé rapide compter, d'un côté, les fautes de La Bruyère, de l'autre, les qualités qui l'ont rendu et le rendront à jamais célèbre.

Boileau lui reprocha d'avoir secoué le joug des transitions et d'avoir pris dans Montaigne et dans Charron un style dur et quelquefois obscur. Peut-être un peu de misanthropie se fait-il sentir dans ses fréquentes sorties contre le vice; peut-être le chagrin qu'il éprouvait de voir les hommes aussi corrompus, le rendait-il quelquefois injuste: et comme le style se ressent toujours des affections de l'ame, il en résulte quelquefois dans celui de La Bruyère un certain désordre dans les idées. Delà les nombreuses négligences qu'on est forcé de remarquer dans son ouvrage; mais on les lui pardonne bien volontiers, en faveur de sa supériorité.

Voici maintenant tous ses droits à la faveur du public.

Il s'est créé un genre absolument à lui. Il a fait le désespoir de ceux qui prétendirent marcher sur ses traces (13). Il a soumis l'art d'écrire à la plus profonde analyse. La langue française, si souvent accusée de faiblesse et de timidité, est, sous sa main, toujours forte, riche, gracieuse, brillante, nerveuse et concise. Elle se prête à toutes les formes du discours. Parle-t-il de goût? lui-même en fait preuve: d'éloquence? il trouve dans son esprit des ressources inattendues. Aussi vrai dans ses tableaux que judicieux dans ses réflexions morales, il manie d'une main sûre l'arme du raisonnement et porte la conviction dans les cœurs les plus rebelles. Qui pourra jamais oublier ses belles Pensées sur l'éducation, la vieillesse, la mort? Quiconque le lit, est de son avis. On le suit pas à pas, on s'attache à lui, on l'écoute avec admiration, soit qu'il adresse aux grands des vérités courageuses, soit que, nouveau Socrate, il feigne l'ignorance pour mieux attaquer et vaincre, soit qu'il expose les diverses modifications qu'apporte la fortune dans les discours et les actions des hommes, soit enfin que, réunissant toute la force de sa logique et frappant un dernier coup, il attaque et poursuive l'athée jusques dans ses derniers retranchemens.

Rois, ministres, magistrats, poëtes, orateurs, hommes et femmes de tout rang et de tout âge, lisez La Bruyère, apprenez à vous connaître. Le voile est tombé. Voici les vices qui déshonorent, les pensées honteuses, les projets bizarres, l'orgueil qui s'oppose à l'aveu des torts, l'intérêt qui les pallie, l'amour propre qui les excuse. Méditez un ouvrage que sa propre force défend contre les outrages du tems. C'est là qu'il faut chercher des modèles de tous les genres de styles. C'est dans cette mine féconde que plus d'un poëte comique est venu dérober ses traits les plus piquans ; c'est de lui que les jeunes littérateurs apprendront à ne jamais s'éloigner de la nature, et à donner à leurs pensées cette clarté qui pénètre l'esprit, satisfait la raison, et sans laquelle il n'est point de véritable éloquence.

NOTES

NOTES

SUR

L'ÉLOGE DE LA BRUYÈRE.

NOTES

SUR

LA PREMIÈRE PARTIE.

(1)

Théophraste avait d'abord été à l'école de Platon. Aristote, dont il fut ensuite le disciple favori, estimait principalement en lui un caractère de douceur qui régnait également dans ses mœurs et dans son style.

Il avait une singulière prudence. Il était zélé pour le bien public, laborieux, officieux, affable, bienfaisant. Il servit son pays, en lui rendant la liberté. Tant de rares qualités ne lui acquirent pas seulement la bienveillance des peuples, mais encore la familiarité des Rois. Il mourut, accablé de fatigues et d'années, et cessa en même tems de travailler et de vivre.

Son livre fut écrit la dernière année de la 115.e olympiade, c. à. d. 314 ans avant l'ère chrétienne.

Le poëte comique Ménandre fut élève de Théophraste.

On assure que dans un tems il put compter jusqu'à 2000 disciples.

Nous devons à Théophraste ce qui nous reste des ouvrages d'Aristote.

Extrait du discours sur Théophraste,
par LA BRUYÈRE.

(2)

« Ceux dont Théophraste nous peint les mœurs, étaient Athéniens, et nous sommes Français; et si nous joignons à la diversité des lieux et du climat le long intervalle du tems, et que nous considérons que ce livre a pu être écrit la dernière année de la 115.e olympiade, c. à. d. 314 ans avant l'ère chrétienne, et qu'ainsi il y a 2000 ans accomplis que vivait ce peuple d'Athènes dont il fait la peinture, nous admirerons de nous y reconnaître nous-mêmes, nos amis, nos ennemis, ceux avec qui nous vivons, et que cette ressemblance avec des hommes séparés par tant de siècles soit entière. En effet, les hommes n'ont point changé selon le cœur et selon les passions; ils sont encore tels qu'ils étaient alors, et qu'ils sont marqués dans Théophraste, vains, dissimulés, flatteurs, intéressés, effrontés, importans, défians, médisans, querelleux, superstitieux. »

La Bruyère, discours sur Théophraste.

(3)

« Toute la Grèce le pleura, et tout le peuple athénien assista à ses funérailles. »

La Bruyère, ibidem.

(4)

« L'on s'est plus appliqué aux vices de l'esprit, aux replis du cœur et à tout l'intérieur de l'homme, que n'a fait Théophraste, et l'on peut dire que comme ses caractères, par mille choses extraordinaires qu'ils font remarquer dans l'homme, par ses actions, par ses paroles et ses démarches, apprennent quel est son fond, et font remarquer jusques à la source de son déréglement: Tout au contraire, les nouveaux caractères, déployant d'abord les pensées, les sentimens et les mouvemens des hommes, découvrent les principes de leur malice et de leurs faiblesses, font que l'on prévoit aisément tout ce qu'ils sont capables de dire ou de faire, et qu'on ne s'étonne plus de mille actions vicieuses ou frivoles dont leur vie est toute remplie. „

La Bruyère, même discours.

(5)

Voici le parallèle de ces deux auteurs, tiré du discours ci-dessus :

"L'un, par l'engagement de son auteur (Pascal) fait servir la métaphysique à la religion, fait connaître l'ame, ses passions, ses vices, traite les grands et les sérieux motifs pour conduire à la vertu, et veut rendre l'homme chrétien; l'autre (le Duc de La Rochefoucauld) qui est la production d'un esprit instruit par le commerce du monde et dont la délicatesse était égale à la pénétration, observant que l'amour propre est, dans l'homme, la cause de tous les faibles, l'attaque sans relâche, quelque part où il se trouve, et cette unique pensée, comme multipliée en mille manières différentes, a toujours, pour le choix des mots et par la variété de l'expression, la grâce de la nouveauté. „

(6)

Le Portrait du Riche et celui du Pauvre. Ces deux morceaux achevés sont tellement gravés dans la mémoire de toutes les personnes de goût que je ne sais trop si je dois les rappeler ici en les citant; je m'y détermine pourtant parce qu'il serait possible quils ne fussent pas bien présents à quelques lecteurs.

"Giton a le teint frais, le visage plein, et les joues pendantes, l'œil fixe et assuré, les épaules larges, l'estomac haut, la démarche ferme et délibérée. Il parle avec confiance, il fait répéter celui qui l'entretient, et il ne goûte que médiocrement tout ce qu'il lui dit; il déploie un ample mouchoir et se mouche avec grand bruit ; il crache fort loin, et il éternue fort haut ; il dort le jour, il dort la nuit, et profondément ; il ronfle en compagnie. Il occupe à table et à la promenade plus de place qu'un autre ; il tient le milieu en se promenant avec ses égaux ; il s'arrête, et l'on s'arrête ; il continue de marcher, et l'on marche : tous se règlent sur lui. Il interrompt, il redresse ceux qui ont la parole ; on ne l'interrompt pas, on l'écoute aussi long-tems qu'il veut parler, on est de son avis, on croit les nouvelles qu'il débite. S'il s'assied, vous le voyez s'enfoncer dans un fauteuil, croiser les jambes l'une sur l'autre, froncer le sourcil, abaisser son chapeau sur les yeux pour ne voir personne, ou le relever ensuite et découvrir son front par fierté ou par audace. Il est enjoué, grand rieur, impatient, présomptueux, colère, libertin, politique, mystérieux sur les affaires du tems ; il se croit des talens et de l'esprit. *Il est riche.* „

“ Phédon a les yeux creux, le teint échauffé, le corps sec et le visage maigre ; il dort peu, et d'un sommeil fort léger ; il est abstrait, rêveur, et il a, avec de l'esprit, l'air d'un stupide ; il oublie de dire ce qu'il sait, et de parler d'événemens qui lui sont connus, ou, s'il le fait quelquefois, il s'en tire mal ; il croit peser à ceux à qui il parle ; il conte brièvement, mais froidement ; il ne se fait pas écouter, il ne fait point rire ; il applaudit, il sourit à ce que les autres lui disent, il est de leur avis, il court, il vole pour leur rendre de petits services ; il est complaisant, flatteur, empressé ; il est mystérieux sur ses propres affaires, quelquefois menteur ; il est superstitieux, scrupuleux, timide ; il marche doucement et légèrement ; il semble craindre de fouler la terre ; il marche les yeux baissés, et il n'ose les lever sur ceux qui passent. Il n'est jamais du nombre de ceux qui forment un cercle pour discourir, il se met derrière celui qui parle, recueille furtivement ce qui se dit, et il se retire si on le regarde. Il n'occupe point de lieu, il ne tient point de place, il va, les épaules serrées, le chapeau abaissé sur ses yeux, pour n'être point vu; il se replie et se renferme dans son manteau. Il n'y a point de rues ni de galeries si embarassées et si remplies de monde où il ne trouve moyen de passer sans effort et de se couler sans être aperçu. Si on le prie de s'asseoir, il se met sur le bord d'un siége; il parle bas dans la conversation; il articule mal; libre néanmoins sur les affaires publiques, chagrin contre le siècle, médiocrement prévenu des ministres et du ministère. Il n'ouvre la bouche que pour répondre. Il tousse, il se mouche sous son chapeau, il crache presque sur soi, et il attend qu'il soit seul pour éternuer, ou si cela lui arrive, c'est à l'insçu de la compagnie, il n'en coûte à personne ni salut ni compliment. *Il est pauvre.* „

(7)

Parmi ces critiques figure un nommé *Vigneul Marville*, qui censura d'une manière indécente le livre des Caractères. M. Coste, éditeur de La Bruyère, a mis un soin particulier à relever toutes les bévues de cet injuste censeur, il repousse ses attaques avec tout l'avantage que lui donne la raison. Il y a peut-être des longueurs dans ces remarques intitulées : *Défense de La Bruyère*, mais le style en est généralement clair, et la logique serrée. Il raisonne sur les principes du goût avec le ton d'un homme qui en est bien pénétré.

(8)

Voici quelques-uns des endroits regardés par les critiques de mauvaise humeur, comme étant hors de la nature :

“ Après le mérite personnel, il faut l'avouer, ce sont les éminentes dignités et les grands titres dont les hommes tirent plus de distinction et plus d'éclat : qui ne sait être un Erasme, doit penser à être un évêque. Quelques-uns, pour étendre leur renommée, entassent sur leur personne des pairies, des colliers d'ordre, la pourpre, et ils auraient besoin d'une Thiare. Mais quel besoin a Benigne (*) d'être cardinal? „

“L'or éclate, dites-vous, sur les habits de Philémon : il éclate de même chez les marchands. Il est habillé des plus belles étoffes : le sont-elles moins toutes déployées et à la pièce? Mais la broderie et les ornemens y ajoutent encore de la magnificence : je loue donc le travail de l'ouvrier. Si on lui demande quelle heure il est, il tire une montre qui est un chef-d'œuvre. La garde de son épée est un onyx. Il a au doigt un gros diamant qu'il fait briller aux yeux et qui est parfait. Il ne lui manque aucune de ces curieuses bagatelles que l'on porte sur soi, autant pour la vanité que pour l'usage, et il ne se plaint non plus toute sorte de parure qu'un jeune homme qui a épousé une riche vieille. — Vous m'inspirez enfin de la curiosité; il faut voir du moins des choses si précieuses. Envoyez-moi cet habit et ces bijoux de Philémon : je vous quitte de sa personne. „

Du mérite personnel, chap. 2.

“On demande pourquoi tous les hommes ne composent pas une même nation et n'ont point voulu parler le même langage, vivre sous les mêmes loix, convenir entre eux des mêmes usages, d'un même culte; et moi, pensant à la contrariété des goûts et des sentimens, je suis étonné de voir jusqu'à sept ou huit personnes se rassembler sous un même toit, dans une même demeure, et composer une seule famille. „

Chap. XI. *de l'Homme*.

“Les haines sont si longues et si opiniâtres que le plus grand signe de mort dans un homme malade, c'est la réconciliation. „

(*) Bossuet, évêque de Meaux.

(9)

Écoutons La Bruyère lui-même :

« J'ai peint à la vérité, d'après nature, mais je n'ai pas toujours songé à peindre celui-ci ou celle-là dans mon livre des Mœurs ; je ne me suis point loué au public pour faire des portraits qui ne fussent que vrais et ressemblans ; de peur que quelquefois ils ne fussent pas croyables et ne parussent feints ou imaginés. Me rendant plus difficile, je suis allé plus loin, j'ai pris un trait d'un côté, un trait d'un autre, et de ces mêmes traits, qui pouvaient convenir à une même personne, j'en ai fait des peintures vraisemblables. »

Préface du discours de réception à l'académie française.

(10)

Idée qui a fourni à Voltaire ces vers si plaisans de Bardus dans le Temple du Goût :

Nous rédigeons, au long, de point en point
Ce qu'on pensa, mais nous ne pensons point.

(11)

Lorsqu'un auteur se rend tellement familier qu'on cite ses traits, ses réflexions, ses maximes avec le même plaisir que des vers de Racine, de Boileau, de Lafontaine, n'est-ce pas le plus bel éloge qu'on en puisse faire, et cet hommage unanime rendu au génie, l'eût-on prodigué à l'homme qui n'a vu la nature que dans un jour faux ?

(12)

Voyez la remarque N.° 9.

« Ce sont les caractères et les mœurs de ce siècle que je décris : car, bien que je les tire souvent de la cour de France et des hommes de ma nation, on ne peut néanmoins les restreindre à une seule cour, ni les enfermer en un seul pays, sans que mon livre ne perde beaucoup de son étendue et de son utilité, et ne s'écarte du plan que je me suis fait d'y peindre les hommes en général. „

Préface des Caractères.

(13)

“ Je crois pouvoir protester contre tout chagrin, toute plainte, toute maligne interprétation, toute fausse application et toute censure contre les froids plaisans et les lecteurs mal intentionnés. Il faut savoir lire et ensuite se taire, ou pouvoir rapporter ce qu'on a lu, ni plus, ni moins que ce qu'on a lu; et, si on le peut quelquefois, ce n'est pas assez, il faut encore le vouloir faire. Sans ces conditions, qu'un auteur exact et scrupuleux est en droit d'exiger de certains esprits pour l'unique récompense de son travail, je doute qu'il doive continuer d'écrire, s'il préfère du moins sa propre satisfaction à l'utilité de plusieurs et au zèle de la vérité. „

Préface des Caractères.

(14)

Voici comment La Bruyère termine ce portrait:

“ Cet homme raisonnable qui a une ame, qui a un culte et une religion, revient chez soi, fatigué, affamé, mais fort content de sa journée: *Il a vu des tulipes.* „

Dans le portrait qui suit, c. à. d. de l'Amateur de Fruits, La Bruyere apostrophe ainsi le personnage dont il peint le caractère:

“ O l'homme divin, en effet, homme qu'on ne peut jamais assez louer ni admirer, homme dont il sera parlé dans plusieurs siècles!.. que je voie sa taille et son visage pendant qu'il vit, que j'observe les traits et la contenance d'un homme, qui, seul entre les mortels, possède *une telle prune!* „

NOTES

SUR

LA SECONDE PARTIE.

(1)

« La personne et le caractère de La Bruyère sont peu connus, dit M.r Suard, il n'eût part à aucune affaire importante, son nom ne se trouve lié à aucun événement public, et sa vie ne présente aucun incident digne d'attention. »

(2)

« En faisant le caractère des autres, dit l'abbé Fleury, (successeur de La Bruyère à l'académie française) il a parfaitement exprimé le sien. On y voit une sorte de méditation et de profondes réflexions sur les esprits et sur les mœurs. On y entrevoit cette érudition qui se remarquait dans ses conversations particulières, car, il n'était étranger en aucun genre de doctrine. »

(3)

« Mais comme les hommes ne se dégoûtent point du vice, il ne faut pas aussi se lasser de le leur reprocher, ils seraient peut-être pires. C'est ce qui fait que l'on prêche et que l'on écrit. L'orateur et l'écrivain ne sauraient vaincre la joie qu'ils ont d'être applaudis, mais ils devraient rougir d'eux-mêmes s'ils n'avaient cherché par leurs discours et par leurs écrits que des éloges. » ....

. . . " On ne doit parler, on ne doit écrire que pour l'instruction. „

" Chaque heure en soi, comme à notre égard, est unique. Est-elle écoulée une fois, elle a péri entièrement. Des millions de siècles ne la ramèneront pas; les jours, les mois, les années s'enfoncent et se perdent sans retour dans l'abîme des tems; le tems même sera détruit: ce n'est qu'un point dans les espaces immenses de l'éternité, et il sera effacé. Il y a de légères et frivoles circonstances du tems qui ne sont point stables, qui passent, et que j'appelle *des modes*, la grandeur, la faveur, les richesses, la puissance, l'autorité, l'indépendance, le plaisir, les joies, la superfluité. Que deviendront ces modes quand le tems même aura disparu? *La vertu seule, si peu à la mode, va au-delà des tems !* „

De la Mode, chap. XXIII.

(4)

Le morceau suivant semblerait faire croire que La Bruyère trouvait quelque chose à blâmer dans le caractère *du Misanthrope* de Molière.

" Timon, ou le misanthrope, peut avoir l'ame austère et farouche; mais extérieurement il est civil et cérémonieux. Il ne s'échappe pas, il ne s'apprivoise pas avec les hommes, au contraire, il les traite *honnêtement* et sérieusement; il emploie, à leur égard, tout ce qui peut éloigner leur familiarité; il ne veut pas les mieux connaître, ni s'en faire des amis, semblable, en ce sens, à une femme qui est en visite chez une autre femme. „

Chapitre XI. *de l'Homme*.

(5)

J'ai cru qu'on ne serait pas fâché de trouver ici les divers passages des Caractères qui contiennent un hommage aux hommes illustres, contemporains de La Bruyère:

“ Un homme est simple, timide, d'une ennuyeuse conversation, il prend un mot pour un autre, et il ne juge de la bonté de sa pièce que par l'argent qui lui en revient; il ne sait pas la réciter ni lire son écriture. Laissez-le s'élever par la composition, il n'est pas au-dessous d'Auguste, de Pompée, de Nicomède, d'Héraclius; il est Roi, et un grand Roi; il est politique, il est philosophe; il entreprend de faire parler les héros, de les faire agir; il peint les Romains; ils sont plus grands et plus Romains dans ses vers que dans leur histoire. ”

“ Le Cid n'a eu qu'une voix pour lui à sa naissance, qui a été celle de l'admiration; il s'est vu plus fort que l'autorité et la politique qui ont tenté vainement de le détruire. Il a réuni en sa faveur des esprits toujours partagés d'opinions et de sentimens, les grands et le peuple, ils s'accordent tous à le savoir de mémoire et à prévenir, au théatre, les acteurs qui le récitent. Le Cid enfin est l'un des plus beaux poëmes que l'on puisse faire, et l'une des meilleures critiques qui ait été faite sur aucun sujet, est celle du Cid. ”

.... “ Ce qu'il y a eu de plus éminent en lui (Corneille) c'est l'esprit qu'il avait sublime, auquel il a été redevable de certains vers, les plus heureux qu'on ait jamais lus ailleurs, de la conduite de son théatre qu'il a quelquefois hasardée contre les règles des anciens, et enfin de ses dénouemens, car il ne s'est pas toujours assujetti au goût des Grecs et à leur grande simplicité; il a aimé, au contraire, à charger la scène d'événemens dont il est presque toujours sorti avec succès; admirable surtout par l'extrême variété et le peu de rapport qui se trouve pour le dessein entre un si grand nombre de poëmes qu'il a composés. ”

.... “ Il s'emble qu'il y ait plus de ressemblance dans ceux de Racine, et qu'ils tendent un peu plus à une même chose, mais il est égal, soutenu, toujours le même partout, soit pour le dessein et la conduite de ses pièces qui sont justes, régulières, prises dans le bon sens et la nature, soit pour la versification qui est correcte, riche dans les rimes, élégante, nombreuse, harmonieuse; exact imitateur des anciens dont il a suivi scrupuleusement la netteté et la simplicité de l'action, à qui le grand et le merveilleux n'a pas manqué ainsi qu'à Corneille, ni le touchant, ni le pathétique. „

« Il y a dans le monde quelque chose d'incompréhensible. Un homme paraît grossier, lourd, stupide; il ne sait pas parler ni raconter ce qu'il vient de voir; s'il se met à écrire, c'est le modèle des bons contes. Il fait parler les animaux, les arbres, les pierres, tout ce qui ne parle point: ce n'est que légèreté, qu'élégance, que beau naturel et que délicatesse dans ses ouvrages. „

« Voulez-vous quelque autre prodige? Concevez un homme facile, doux, complaisant, traitable, et tout d'un coup violent, colère, fougueux, capricieux. Imaginez-vous un homme simple, ingénu, crédule, badin, volage, un enfant en cheveux gris; mais permettez lui de se recueillir ou plutôt de se livrer à un génie qui agit en lui, j'ose dire sans qu'il y prenne part, et comme à son insçu; quelle verve! quelle élévation! quelles images! quelle latinité! Parlez-vous d'une même personne, me direz-vous? — Oui, du même, de Théodas, et de lui seul. Il crie, il s'agite, il se roule à terre, il se relève, il tonne, il éclate, et du milieu de cette tempête il sort une lumière qui brille, qui réjouit. Disons le sans figure, il parle comme un fou, et pense comme un sage, il dit ridiculement des choses vraies, et follement des choses sensées et raisonnables: on est surpris de voir naître et éclorre le bon sens du sein de la bouffonnerie parmi les grimaces et les contorsions. Qu'ajouterai-je d'avantage ? Il dit et il fait mieux qu'il ne sait : ce sont en lui comme deux ames qui ne se connaissent point, qui ne dépendent point l'une de l'autre, qui ont chacune leur tour ou leurs fonctions bien séparées. Il manquerait un trait à cette peinture si surprenante, si j'oubliais qu'il est tout à la fois avide et insatiable de louanges, près de se jeter aux yeux de ses critiques et dans le fond, assez docile pour profiter de leur censure. Je commence à me persuader moi-même que j'ai fait le portrait de deux personnages tout différens. Il ne serait pas même impossible d'en trouver un troisième dans Théodas, car il est bon homme, il est plaisant homme, il est excellent homme. „ La Bruyère appelait Quinault le phœnix de la poésie chantante.

“ L'évêque de Meaux et le P. Bourdaloue me rappellent Démosthène et Cicéron. Tous deux maîtres dans l'éloquence de la chaire, ont eu le destin des grands modèles ; l'un a fait de mauvais censeurs, l'autre de mauvais copistes. „

“ Que celui qui n'est pas encore assez parfait pour s'oublier soi-même dans le ministère de la parole sainte, ne se décourage point par les règles austères qu'on lui prescrit, comme si elles lui otaient les moyens de faire montre de son esprit, et de monter aux dignités où il aspire. Quel plus beau talent que celui de prêcher apostoliquement et quel autre mérite mieux un évêché ? Fénélon en était-il indigne ? aurait-il pu échapper au choix du Prince que par un autre choix ? „

De la Chaire, chap. XV.

(6)

Voyez au chap. X. *du Souverain ou de la République*. Le morceau qui termine, contient l'éloge de Louis XIV. Il serait trop long de le rapporter ici.

On trouvera dans le morceau suivant des traits qui conviennent également à Turenne et au grand Condé. Les caractères de ces deux grands hommes sont, en quelque sorte, fondus en un seul.

"Émile était né ce que les plus grands hommes ne deviennent qu'à force de règles, de méditations et d'exercice. Il n'a eu, dans ses premières années, qu'à remplir des talens qui étaient naturels, et qu'à se livrer à son génie; il a fait, il a agi avant que de savoir, ou plutôt il a su ce qu'il n'avait jamais appris : dirai-je que les jeux de son enfance ont été plusieurs victoires? Une vie accompagnée d'un extrême bonheur, joint à une longue expérience, serait illustre par les seules actions qu'il avait achevées dès sa jeunesse. Toutes les occasions de vaincre qui se sont depuis offertes, il les a embrassées, et celles qui n'étaient pas, sa vertu et son étoile les ont fait naître; admirable même et par les choses qu'il a faites et par celles qu'il aurait pu faire. On l'a regardé comme un homme incapable de céder à l'ennemi, de plier sous le nombre ou sous les obstacles, comme un homme du premier ordre, plein de ressources et de lumière, qui voyait encore où personne ne voyait plus, comme celui qui, à la tête des légions, était pour elles un présage de la victoire, et qui valait seul plusieurs légions, qui était grand dans la prospérité, plus grand quand la fortune lui était contraire; la levée d'un siége, une retraite l'ont plus ennobli que ses triomphes; l'on ne met qu'après les batailles gagnées et les villes prises; qui était rempli de gloire et de modestie; on lui a entendu dire : *je fuyais*, avec la même grâce qu'il disait : *nous les battîmes*; un homme dévoué à l'Etat, à sa famille, sincère pour Dieu et pour les hommes, autant admirateur du mérite que s'il lui eût été moins propre et moins familier; un homme vrai, simple et magnanime, à qui il n'a manqué que les moindres vertus." (7)

(7)

« Vos voix seules, toujours libres et arbitraires, donnent une place à l'académie française. Vous me l'avez accordée, Messieurs, et de si bonne grâce, avec un consentement si unanime que je la dois et la veux tenir de votre seule magnificence. Il n'y a ni poste, ni crédit, ni richesses, ni autorité, ni faveur qui aient pu vous plier à faire ce choix. Je n'ai rien de toutes ces choses. Tout me manque. Un ouvrage qui a eu quelque succès par sa singularité et dont les fausses et malignes applications pouvaient me nuire auprès des personnes moins équitables et moins éclairées que vous, a été toute la médiation que j'ai employée et que vous avez reçue. »

Discours de réception à l'académie française.

(8)

Ce sont ses expressions.

(9)

Ce sont ses expressions.

(10)

« Revenus à Paris, ils se cantonnèrent en divers quartiers où ils répandirent tant de venin contre moi, s'acharnèrent si fort à diffamer cette harangue soit dans leurs conversations, soit dans les lettres qu'ils écrivirent à leurs amis dans les provinces, en dirent tant de mal, et le persuadèrent si fortement à qui ne l'avait pas entendue qu'ils crurent pouvoir insinuer au public, ou que les Caractères faits de la même main, étaient mauvais, ou que s'ils étaient bons, je n'en étais pas l'auteur, mais qu'une femme de mes amies m'avait fourni ce qu'il y avait de plus supportable. Ils prononcèrent aussi que je n'étais pas capable de faire rien de suivi, pas même la moindre préface.

Préface du Discours de réception.

(11)

Voyez la préface du discours de réception ; il faut la lire toute entière. Elle est peut-être ce que nous avons de mieux écrit de ce genre ; elle contient même quelques morceaux d'éloquence qui furent dictés par un mouvement d'humeur et d'indignation contre de mauvais censeurs. Voici le passage qui m'a semblé le plus remarquable :

« Il paraît une nouvelle satire, écrite contre les vices en général, qui, d'un vers fort et d'un style d'airain, enfonce ses traits contre l'avarice, l'excès du jeu, la chicane, la mollesse, l'ordure et l'hypocrisie, où personne n'est nommé ni désigné, où nulle femme vertueuse ne peut ni ne doit se reconnaître. Un Bourdaloue en chaire ne fait point des peintures du crime ni plus vives ni plus innocentes. Il n'importe, c'est médisance, c'est calomnie. Voilà depuis quelque tems leur unique ton, celui qu'ils employent contre les ouvrages de mœurs qui réussissent ; ils y prennent tout littéralement, ils les lisent comme une histoire, ils n'y entendent ni la poésie, ni la figure ; ainsi, ils les condamnent, ils y trouvent des endroits faibles ; il y en a dans Homère, dans Pindare, dans Virgile et dans Horace. Où n'y en a-t-il point, si ce n'est peut-être dans leurs écrits ? Bernin n'a pas manié le marbre, ni traité toutes ses figures d'une égale force ; mais on ne laisse pas de voir, dans ce qu'il a moins heureusement rencontré, de certains traits si achevés, tout près de quelques autres qui le sont moins, qu'ils découvrent aisément l'excellence de l'ouvrier : est-ce un cheval ? les crins sont tournés d'une main hardie, ils voltigent et semblent être le jouet des vents, l'œil est ardent, les nauseaux soufflent le feu et la vie, un ciseau de maître s'y retrouve en mille endroits, il n'est pas donné à ses copistes ni à ses envieux d'arriver à de telles fautes par les chefs-d'œuvres. On voit bien que c'est quelque chose de manqué par un habile homme et une faute de Praxitèle. „

(12)

On pourrait encore ajouter quelques pensées dans le genre de celles que je viens de rapporter.

“ Les hommes ne s'attachent pas assez à ne pas manquer l'occasion de faire plaisir. „

“ Il semble qu'aux ames bien nées, les fêtes, les spectacles, la symphonie rapprochent et font mieux sentir l'infortune de nos proches ou de nos amis. „

De l'homme, chap. XI.

“ Il y a des misères sur la terre qui saisissent le cœur; il manque à quelques-uns jusqu'aux alimens, ils redoutent l'hiver, ils appréhendent de vivre. „

Des biens de la Fortune, chap. VI.

(13)

On peut compter un certain nombre d'imitateurs de La Bruyère, mais quels imitateurs! De fades copistes méprisés du public. C'est bien là le cas de s'écrier:

O imitatores servum pecus!

---

* La Bruyère naquit en 1644 dans un village près de Dourdan. Il occupa d'abord la place de trésorier de France à Caen. Il fut placé ensuite par le grand Bossuet auprès de M. le Duc pour lui enseigner l'histoire, avec 1000 écus de pension. Il a été reçu à l'académie française en 1696. Trois ans après, le 10 Mai 1699, une apoplexie d'un quart d'heure l'emporta, à l'âge de 52 ans.

C'était un philosophe ingénieux, ennemi de l'ambition, content de cultiver en paix ses amis et ses livres, faisant un bon choix des uns et des autres, ne cherchant ni ne fuyant le plaisir, toujours disposé à une joie modeste, heureux à la faire naître, poli dans ses manières, sage dans ses discours, évitant toute sorte d'affectation, même celle de montrer de l'esprit.

FIN.

ERRATA.

Page 5 ligne 28 l'intrique, *lisez* : l'intrigue.
— 9 — 13 a de la peine, *lisez :* a peine.
— 24 — 8 après le mot envenimer, ajoutez (4).

www.ingramcontent.com/pod-product-compliance
Lightning Source LLC
LaVergne TN
LVHW010054230826
846091LV00005B/1941

* 9 7 8 2 0 1 2 3 9 9 8 5 3 *